AF400033

Les pieds sur terre,
la tête dans les étoiles

FSC
www.fsc.org
MIXTE
Papier issu
de sources
responsables
Paper from
responsible sources
FSC® C105338

Les pieds sur terre, la tête dans les étoiles

Laëtitia Boyer

Avec la collaboration de
Annelise Guérend Levin

À mes quatre étoiles, dont le manque ne sera jamais comblé mais qui veillent sur moi et m'aident à avancer :

    Michaël, mon mari chéri amour de mon cœur,
    Lénaïs, ma fille, ma princesse,
    Didier, mon beau-frère,
    Kelvin, « mon petit Pierrot », mon neveu.

À ma sœur Séverine.

Pourquoi se raconter dans un livre ?

Pour se faire du bien et inspirer les lecteurs en partageant une expérience vécue.

Je me sens en quelque sorte investie d'une mission : témoigner de ce que j'ai traversé et de la volonté et du courage qui m'ont aidée à me relever.

J'aimerais être un exemple pour les personnes confrontées à la perte d'un être cher. J'espère sincèrement que ce livre pourra adoucir un peu la peine de ceux et celles qui souffrent de ce manque.

« Faire » son deuil

Deuil. Nom masculin. *Douleur que l'on éprouve de la mort de quelqu'un.*

Synonymes : *Affliction, chagrin, désolation, douleur, malheur, souffrance, tristesse.*

Travail de deuil : *processus pour réussir à continuer à vivre et accepter cette perte définitive et irrémédiable.*

Ce n'est pas moi qui le dis, c'est le dictionnaire.

En revanche, l'expression « faire » son deuil m'est tout à fait étrangère. Comme s'il s'agissait d'étapes à franchir pour « passer à autre chose », « pour tourner la page » et idéalement dans un délai acceptable par la société.

Jamais je ne tournerai la page de ce que j'ai vécu. Je vois mon existence comme un fil continu que je tisse avec tous mes souvenirs, je n'en gomme aucun.

Est-ce que je me suis remise de ce que j'ai vécu ? Je ne peux l'affirmer. Je ne crie pas victoire, cela laisserait faussement penser que c'est définitivement gagné.

J'avance, jour après jour. Avec le temps, la douleur s'atténue un peu.

Je suis un vaste chantier de reconstruction.

Un chantier qui ne sera jamais achevé.

Laissez-moi vous raconter.

Première partie

Flash info du 3 août 2010

« Accident mortel sur l'autoroute A9 entre Béziers et Narbonne la nuit dernière. Selon les témoins le pneu d'un poids lourd aurait éclaté, le chauffeur aurait alors perdu le contrôle du véhicule qui a traversé le terre-plein central et percuté quatre voitures en sens inverse. Bilan : quatre morts dont deux enfants et huit blessés. »

Un fait divers dans la presse. Vingt secondes dans le journal télévisé.

Le drame de ma vie.

Maudit pneu

Fin juillet 2010 commencent des vacances au Cap d'Agde avec mon mari, nos deux enfants, et ma sœur Séverine, mon beau-frère et leurs trois enfants. Nous nous entendons si bien que depuis plusieurs années nous aimons passer des vacances ensemble.

Nous sommes ravis à la perspective de profiter de la plage pour une quinzaine de jours, et de nous reposer après des mois bien chargés puisque Michaël et moi avons fêté notre mariage à peine deux semaines plus tôt. Une belle fête, telle que je l'avais rêvée, entourés de nos familles, de nos amis, de notre fils Lorik, quatre ans, et notre fille Lénaïs, deux ans.

Le 2 août, le temps maussade nous pousse à faire une escapade en Espagne pour la journée. Il est vingt-deux heures lorsque nous nous remettons en route vers Le Cap d'Agde pour rejoindre notre lieu de vacances. Chaque famille est dans sa voiture et les enfants s'endorment rapidement. Moi qui d'habitude ne dors jamais, je m'assoupis pendant que Michaël est au volant sur l'autoroute.

Une très forte secousse et un bruit effroyable me sortent de mon sommeil. Affolée, je hurle et me tourne vers Michaël qui ne me répond pas. Je comprends immédiatement qu'il n'est déjà plus avec moi ! La voiture zigzague, heurte les barrières de sécurité de part et d'autre de la voie. Par instinct j'attrape le frein à main et je parviens à stopper cette course folle. Je ne comprends pas ce qu'il s'est passé, je m'imagine que Michaël a dû s'endormir au volant. Mais ce que j'ai vu ne me laisse aucun doute : son corps est sans vie. Cette image restera gravée à jamais. Je viens de perdre l'amour de ma vie après seulement quinze jours de mariage.

La panique m'envahit et me coupe le souffle et je n'entends même pas les pleurs de mes enfants. Je sors pieds nus de la voiture, j'ai perdu mes chaussures dans le choc. Mais j'ai le réflexe d'attraper mon téléphone. Je sors Lorik de la voiture, il était derrière moi, il est conscient, semble sain et sauf. Apparemment ce côté de la voiture n'a pas été touché. Je le serre très fort dans mes bras puis je m'approche de Lénaïs

calée dans son siège auto, je l'appelle en la se-
couant un peu, elle ne réagit pas. Est-ce qu'elle
dort ?

Dans la nuit noire j'aperçois derrière nous
les phares d'une voiture qui s'approche et s'arrête. Est-ce ma sœur et mon beau-frère ? Je ne
sais plus s'ils nous suivaient ou s'ils étaient devant. Non, ce sont simplement des automobi-
listes qui étaient derrière nous. Ils viennent à ma
rencontre, bouleversés. Ils nous prennent en
charge Lorik et moi dans leur véhicule et m'ex-
pliquent ce qu'ils ont vu : un camion arrivé en
sens inverse qui s'est couché sur le côté et nous
a percutés de plein fouet. Je les écoute sans par-
venir à y croire. Je leur demande d'aller voir si
ma fille va bien. Je suis des yeux le monsieur
qui s'approche de notre voiture que je découvre
très abîmée. Je commence à prendre conscience
de l'ampleur de la tragédie qui vient de se pro-
duire.

Il revient et me fait savoir que l'accident a
été fatal à ma fille et mon mari. Mes yeux et
mon esprit avaient compris pour Michaël, mais
pas pour Lénaïs. Inconsciemment peut-être,
j'avais nié la réalité et imaginé qu'elle dormait.

Ces personnes s'empressent de signaler l'accident à la borne SOS. Commence alors une

attente interminable pendant laquelle je suis complètement désemparée. Je tremble, je pleure. Je pense à ma sœur qui doit s'inquiéter pour nous. Je me rappelle tout d'un coup que j'ai mon téléphone dans ma poche. J'essaie de la joindre mais personne ne répond. Mais bon sang, que fait-elle ?

Les minutes passent, toujours pas de secours à l'horizon. Un vrai cauchemar. Les images d'horreur tournent en boucle dans ma tête : la voiture accidentée, le visage sans vie de mon mari, ma princesse Lénaïs inanimée. Qu'ai-je fait pour mériter de vivre une telle douleur ?

Mais j'ai Lorik avec moi, sain et sauf. Peut-être que c'est un signe ? En tous cas, même si je suis extrêmement choquée, je me dois d'être là, présente pour lui, pour le rassurer aussi. Pour mon petit garçon de quatre ans, je dois être forte. Pourtant, lui expliquer qu'il ne verra plus ni son papa ni sa petite sœur est épouvantable.

Après deux heures d'attente infernale, enfin les gyrophares éclairent la nuit : pompiers et gendarmes arrivent. Un officier de la gendarmerie m'explique la raison de ces deux heures d'attente : ils viennent de porter secours à une autre voiture que le camion avait percutée après la nôtre. Ils ignoraient que nous avions été touchés, à quelques centaines de mètres de là.

Le soulagement à l'arrivée des secours est de courte durée. Je n'imagine pas que le cauchemar va continuer ! Je deviens hystérique lorsque la porte latérale du camion de pompier s'ouvre sur deux brancards : ma sœur Séverine allongée à côté de son plus jeune fils ! Que s'est-il passé pour eux ? Je suis à mille lieues d'imaginer que ma sœur a vécu la même chose que moi.

En réalité, le camion nous a percutés d'abord avant de percuter la voiture de ma sœur et de mon beau-frère. Mais alors où sont les autres, son mari et les deux autres enfants ?

J'apprends que ma nièce Maëva vient d'être évacuée par hélicoptère vers le CHU de Montpellier. Entre deux sanglots je lui annonce que Lénaïs et Michaël sont décédés sur le coup. Les mots que je viens de prononcer résonnent encore dans ma tête… Est-ce que je viens vraiment d'annoncer cela à ma sœur ?! Lentement, je prends conscience de la situation.

Les pompiers nous transportent jusqu'à l'hôpital de Béziers où nous sommes pris en charge tous les quatre. Mon neveu Célian (deux ans), mon fils et moi n'avons rien mais Séverine souffre d'intenses douleurs au dos, les examens montrent un tassement de vertèbres.

Nous apprenons que mon beau-frère Didier (âgé de trente-neuf ans) et Kelvin, mon neveu (âgé de six ans) n'ont pas survécu à cet accident. Séverine et moi nous regardons avec des yeux emplis de tristesse, de peur, de compassion l'une pour l'autre. Une même question nous obsède : qu'allons-nous devenir ? Une seule certitude : cette tragédie nous lie à jamais.

J'appelle notre sœur aînée, Christelle, pour lui annoncer le drame. J'entends ses hurlements qui me transpercent le cœur. Comment allons-nous tous nous relever de ce drame ? Nous décidons d'un commun accord d'attendre le matin pour prévenir les autres membres de la famille. On nous donne de quoi dormir.

Au réveil quelques heures plus tard je trouve ma sœur dans le couloir de l'hôpital, l'air hagard comme moi. « Mais qu'est-ce qu'on fout là ? Dites-nous que c'est un cauchemar, qu'on va se réveiller ! »

Nous avons appelé nos parents, les parents de Didier, les parents de Michaël. Tous sont venus, ainsi que notre sœur et notre frère.

Moi, j'étais dépassée par les événements. C'est comme si j'avais plongé dans un puits sans fond. Je n'ai plus pensé à rien. Je me suis laissée aller, laissée porter, j'ai fait ce que les personnes autour de moi me disaient de faire, machinalement, comme un robot. Mon esprit divaguait, loin de la réalité. J'étais perdue, anéantie, désemparée et le cœur brisé et vide sans mon mari et ma princesse.

Retour à l'église de Gilly

Victime d'un grave traumatisme crânien, ma nièce Maëva avait été héliportée à Montpellier pour y être opérée en urgence. Son état critique avait contraint les médecins à la plonger dans un coma artificiel afin de mettre son cerveau au repos. Aller la voir tous les jours en réanimation pédiatrique nous permettait de ne pas penser et de ne pas sombrer.

Nos parents nous ont accompagnés, Séverine, Célian, Lorik et moi à Montpellier pour être auprès d'elle. Nous nous sommes installés tous les six dans une structure d'hébergement prévue pour les proches d'enfants hospitalisés en pédiatrie. Nous y sommes restés plusieurs semaines.

Mes souvenirs de ces premiers jours sont flous, comme si ma mémoire les avait effacés. Mais je sais que nous avons été portés par nos familles, qui ont pris en charge tout ce qu'il fallait organiser et notamment les obsèques des quatre membres de la famille. Ils ont fait rapatrier les corps, choisi les cercueils, préparé les célébrations. C'était au-dessus de nos forces. Nous ne les remercierons jamais assez pour cela. Et pourtant eux aussi étaient sous le choc. Ce qu'ils ont fait pour nous restera gravé à jamais dans ma mémoire. J'ai de la chance d'avoir une famille aussi soudée.

Le 10 août 2010 les funérailles se déroulent en deux temps. D'abord à Gilly-sur-Loire, c'est le berceau de ma famille et aussi le village natal de mon beau-frère Didier, adjoint au maire. C'est là qu'il vivait avec Séverine et leurs trois enfants. Dans cette église j'avais remonté la nef deux semaines plus tôt au bras de mon père devant notre entourage réuni pour célébrer mon mariage avec Michaël. Et à l'issue de la célébration, le cortège avait pris la direction de la salle des fêtes. Cette fois, nous sommes réunis pour dire adieu à Didier et Kelvin et après l'église nous marchons jusqu'au cimetière.

L'après-midi, nous nous rendons à Montceau-les-Mines – à une soixantaine de kilomètres – là où mon mari a grandi et où vivent encore ses parents. C'est là naturellement que nous allons enterrer Michaël et Lénaïs.

À Gilly comme à Montceau, des gendarmes tiennent à l'écart les médias pour éviter que notre tragédie familiale fasse la une des journaux à sensation.

Peu après l'accident, un article de quatre pages dans *Paris-Match* avait déjà étalé des photos volées et un tissu de mensonges, cela nous avait énormément blessées. Comment peut-on publier de tels torchons en se servant de la tristesse des gens ? Mais nous étions tellement dépassées par les événements que nous n'avions pas porté plainte.

Neuf ans d'amour

Il a suffi d'une seconde le 2 août 2010, pour que ma vie bascule. J'ai vingt-sept ans. Deux semaines après notre mariage, je suis veuve, mon bonheur s'est écroulé.

Pourtant, neuf ans plus tôt, dans la cour du lycée à Mercurey, notre histoire avait bien commencé. J'avais remarqué Michaël avant qu'il ne s'approche un jour du banc où j'étais assise avec mes amies, pour me demander du feu. Malgré les éraflures au visage et un pied dans le plâtre qui ne le montraient pas à son avantage – séquelles d'un accident de la route – j'ai succombé à son charme.

Nous avons sympathisé et passé de plus en plus de temps ensemble. L'amitié s'est transformée en amour. J'avais dix-sept ans, lui dix-neuf. Au lycée il préparait un bac professionnel et suivait un apprentissage comme pâtissier. Il vivait seul dans un appartement proche du lycée. Ses parents habitaient à Montceau-les-Mines.

Par chance, j'étais indépendante aussi, dans mon petit studio. Je préparais mon bac professionnel de vente et travaillais comme apprentie dans une bijouterie à Gueugnon.

Je n'ai jamais autant aimé l'école ! J'avais le sourire, puisque nous passions nos semaines ensemble. Et pendant les périodes d'apprentissage nous nous retrouvions le week-end.

Deux ans plus tard, l'entrée dans la vie active a concordé avec notre installation « en ménage » à Montceau-les-Mines. J'ai commencé par enchaîner les petits contrats, Michaël a décidé de suivre son rêve d'enfant : il s'est engagé à l'armée. Il a fait ses classes puis intégré le régiment des Spahis à Valence, il est devenu caporal (en tant que cuisinier).

Notre quotidien a changé, j'étais seule en semaine, et parfois le week-end parce qu'il ne pouvait pas toujours se libérer. Patienter jusqu'à son retour m'était pénible. Je souffrais un peu de la solitude, d'autant plus que j'étais éloignée aussi de ma famille. Mais l'épanouissement que me procurait mon travail de vendeuse en boulangerie a adouci un peu ma solitude. C'était un métier fait pour moi : je gérais le magasin et j'appréciais le contact avec les clients, l'autonomie, la bonne relation avec mon patron.

Nos deux merveilles

Ma vie de jeune femme éloignée de son compagnon militaire change dès lors que je tombe enceinte.

Quelques symptômes me portent à croire à la bonne nouvelle, j'en ressens une joie profonde puisque c'est notre projet ! Je fais part de mes doutes à une amie et c'est avec elle que je fais un test de grossesse, puisque Michaël était à Valence. Quand je lui annonce par téléphone cette nouvelle bouleversante, il ne cache pas son bonheur.

La grossesse se passe à merveille, sans nausées. Autant que possible je cale les rendez-vous de suivi médical sur les jours de présence du futur papa. Un casse-tête puisque Michaël s'absente quatre mois en opération à l'étranger. Mais notre amour nous donne la force de surmonter cet éloignement.

Le choix du prénom n'est pas simple. Je cherche l'originalité tandis que Michaël penche pour un prénom classique, nous tombons d'accord sur « Lorik ».

Notre petit garçon voit le jour le 14 avril 2006. Des signes avant-coureurs m'ont conduite la veille à la maternité, accompagnée de la mère de Michaël. Sa présence me rassure. Elle est heureuse de m'apporter son soutien, de me tenir la main, jusqu'à l'arrivée in extremis de Michaël qui parcourt les trois cents kilomètres qui nous séparent. Pour rien au monde il ne voudrait manquer cet événement extraordinaire. Quelle joie de le voir arriver ! Quelques minutes après, nous vivons ensemble la naissance de notre bébé : un pur bonheur !

Cette naissance fait la joie de nos parents, de nos frères et sœurs, des neveux et nièces. Ces moments familiaux chargés d'émotion sont merveilleux (et fatigants) pour les jeunes parents que nous sommes ! Nous avons à peine eu le temps de prendre nos marques à la maison avec notre nouveau-né que Michaël doit repartir à Valence.

Les semaines passent, je m'occupe de notre fils, la plupart du temps je suis seule avec lui. C'est ce qui me fait dire que c'est le deuxième homme de ma vie !

Mes beaux-parents m'apportent aussi du soutien, et mes parents me rendent visite régulièrement. Lorik et moi profitons pleinement de la présence de Michaël quand il est de retour. Je n'imagine pas que quatre ans plus tard, son absence sera définitive.

Cet éloignement de Michaël me pèse, au bout de quelques mois, nous décidons de déménager pour nous rapprocher de Valence. Nous trouvons à nous loger à Tournon-sur-Rhône. C'est à vingt minutes de la caserne, Michaël pourra être là tous les soirs ! La contrepartie c'est que je quitte mon emploi, ma région, et m'éloigne encore un peu plus de mes attaches familiales en Saône-et-Loire. Je suis désormais mère au foyer, dans une ville qui m'est inconnue. Par bonheur, nous nous lions d'amitié avec nos voisins de palier, un jeune couple avec deux enfants, ce qui facilite grandement notre intégration.

Lorsque Michaël s'éloigne pour de longues missions, je me ressource auprès de ma famille en m'installant chez mes parents avec Lorik.

D'ailleurs, fin 2007 alors que je suis enceinte de notre deuxième enfant, je suis chez eux. Michaël est en opération pour quatre mois.

C'est ma mère qui m'accompagne à l'échographie du quatrième mois.

Nous sommes comblés : c'est une petite fille qui viendra agrandir notre famille ! Sa naissance est prévue pour le mois de mai 2008. La grossesse se déroule bien, je me sens épanouie et tellement chanceuse de donner à nouveau la vie.

La naissance se passe bien. Cette fois Michaël a pu m'accompagner à la maternité. Notre princesse choisit le jour de mes vingt-cinq ans pour venir au monde ! La famille alors déjà réunie pour fêter mon anniversaire est aux premières loges et moi je suis comblée par cette coïncidence : je me projette déjà dans des fêtes d'anniversaire ensemble.

Nous sommes des parents comblés, notre petite famille se réorganise à quatre. Lorik accepte bien sa petite sœur Lénaïs, un bébé aussi facile que Lorik l'avait été.

Après l'été, Lorik entre à l'école : il est ravi et s'adapte facilement ! Moi je pleure comme une madeleine le jour de la rentrée ! Mais dans les mois qui suivent, je mesure ma chance : la scolarisation de notre fils me permet d'agrandir mon cercle d'amis.

En mai 2009, Lénaïs et moi fêtons ensemble notre anniversaire, entourées d'amis. Ce jour-là, une fois que la maison s'est vidée, Michaël me demande en mariage ! Je suis aux anges ! Il sait que je rêve que nous portions tous le même nom de famille, et que j'ai envie de célébrer notre amour par une grande fête, comme mes aînés l'ont fait avant moi.

À mon tour d'imaginer une journée « à nous ». Ce sera le 17 juillet 2010, à Gilly évidemment. Je me lance avec beaucoup d'énergie dans les préparatifs pour que tout soit prêt pour le grand jour.

Quelques semaines avant le mariage, nous fêtons le traditionnel « enterrement » de nos vies de jeune fille et jeune garçon, à Tournon. Nous logeons des amis et de la famille pour l'occasion et la maison est pleine de matelas… Au réveil le lendemain matin, Lénaïs se prend les pieds dans une couverture : comme ses pleurs ne passent pas, nous filons aux urgences… Ma princesse en ressort avec un plâtre autour du bassin et des jambes pour soulager sa fracture au fémur. Elle ne peut plus s'asseoir, elle doit rester couchée dans un transat… Cela va durer quelques semaines (jusqu'après le mariage) mais elle ne se plaindra jamais ! Un vrai petit ange.

Le jour J, ma mère m'aide à enfiler ma robe et Michaël porte son magnifique costume de militaire. Toute la famille est réunie pour cet événement : la dernière de la fratrie se marie ! Mes beaux-frères qui m'ont connue enfant amusent la galerie. « On se souvient quand tu partais au collège avec sur le dos un cartable plus grand que toi ! »

À la mairie, c'est la surprise : le maire passe l'écharpe tricolore à son premier adjoint pour officier, c'est mon père ! Il nous lit les articles du Code civil et recueille nos consentements. Son discours restera gravé en moi[1].

La cérémonie à l'église suscite aussi beaucoup d'émotions. Je suis comblée. Touchée de voir Michaël ému. Le même jour nous baptisons Lénaïs à la mairie, malgré son plâtre, elle reste gracieuse et patiente.

La soirée festive se déroule dans une très bonne ambiance. Nous profitons à fond et c'est tant mieux. J'ignore qu'il me faudra des années avant de pouvoir à nouveau faire la fête.

---

[1] *Je l'ai repris à la fin de ce livre.*

Deuxième partie

S'occuper des vivants

Le mois d'août 2010 touche à sa fin.

Maëva s'est enfin réveillée du coma. Il a fallu lui annoncer la mort de son père et de son frère.

Alors que les vacanciers rentrent chez eux et se préparent à reprendre le chemin du travail ou de l'école, pour nous, rien ne sera plus comme avant.

Plus rien ne m'attache à l'Ardèche, je n'envisage pas de retourner habiter à Tournon.

Je préfère me rapprocher de ma famille et de ma sœur Séverine. Nous décidons donc d'inscrire Lorik à l'école de Gilly. Il entrera en deuxième année de maternelle, avec son cousin Célian qui fera sa première rentrée. Les deux garçons sont pris en charge par nos parents auxquels je fais totalement confiance. Savoir que je peux compter sur eux me soulage beaucoup.

Lorik est très facile, il s'adapte bien. Mes parents se mettent en quête d'un logement pour moi dans notre village de Saône-et-Loire. Ils trouvent une petite maison à deux pas de chez eux. Mon père refait à neuf la tapisserie pour que je m'y sente bien.

Comme je suis auprès de Séverine et Maëva à Clermont-Ferrand pour la convalescence de ma nièce, d'autres que moi retourneront à Tournon pour faire les cartons : ma sœur Christelle, mon beau-frère William, mon amie Céline et son copain de l'époque, Sylvain, le père de Michaël et mon beau-frère Nicolas. Je mesure ma chance d'être si bien soutenue par mes proches et aussi par l'armée, une deuxième famille.

Le régiment des Spahis organise le transport de nos affaires. Les camarades de Michaël étaient d'ailleurs venus nombreux aux obsèques et son meilleur ami avait prononcé un hommage. Nous garderons longtemps le contact. Financièrement aussi, l'armée m'apportera un soutien à plusieurs reprises.

Ces cartons entassés dans le camion de déménagement qui arrive à Gilly représentent toute ma vie d'avant. L'ouverture du camion est une étape difficile à surmonter : je suis face à toutes nos affaires…

On a eu pitié de moi en mettant à part les affaires de Michaël et de Lénaïs. Effectivement, c'est bien plus tard que j'ouvrirai ces cartonslà. Je garderai une tenue militaire de Michaël pour notre fils. De Lénaïs, je conserverai précieusement la tenue que nous lui avions enfilée à sa naissance et la robe qu'elle portait à notre mariage.

Je m'aperçois rapidement que les meubles choisis avec Michaël me rappellent constamment son absence et celle de Lénaïs. Ils me ramènent à la vie d'avant qui n'est plus. C'est trop difficile à supporter, cela m'empêche d'avancer. Je ressens le besoin de changer, alors je me débarrasse de ces meubles (et même de notre deuxième voiture) et en achète de nouveaux : le canapé, la salle à manger. Certains s'en étonnent, mais pour mon bien être et celui de mon fils, je veux nous créer un cocon dans un nouvel environnement.

Jusqu'en décembre 2010 je vis aux côtés de ma sœur Séverine dans le foyer familial à proximité de l'hôpital de Clermont-Ferrand. Maëva y a été transférée pour de longs mois de rééducation. Elle aura besoin de tout ce temps pour retrouver ses esprits et sa motricité : notre présence est nécessaire. Pour rien au monde je n'aurais laissé ma sœur gérer cela toute seule, je me devais d'être là.

J'ai le sentiment que l'accident me lie à tout jamais à ma sœur. Comme si elle seule pouvait comprendre ma peine. Rester auprès de Maëva et de Séverine me maintient en vie. Il me semble que nous vivons dans une bulle, toutes les deux. « Vivre » est peut-être exagéré. Me vient plutôt l'image de robots qui exécutent des tâches sans réfléchir tout en étant enfermés dans un tunnel dont on ne voit pas la sortie. Est-ce pour cette raison que ces quelques mois ne me laisseront pas de souvenirs précis ? Je crois que les traumatismes affectent la mémoire…

Pendant la journée, nous n'échangeons pas vraiment, mais la seule présence de l'autre apporte du réconfort. Le soir et la nuit, chacune est dans sa chambre. Au début, nous prenons des calmants pour dormir. Mais il faut bien cesser un jour. Alors s'enchaînent les nuits blanches. Les images de l'accident tournent en boucle. Les questions sans réponse nous tiennent en éveil jusqu'à nous faire craquer. C'est à se demander pourquoi nous n'avons pas été emportées nous aussi dans l'accident.

Pendant notre séjour à Clermont-Ferrand Séverine souffre encore de ses blessures et refuse absolument de conduire, alors je prends le volant pour les nombreux allers-retours entre

Clermont-Ferrand et Gilly où sont nos petits garçons.

Pendant ces mois-là, de nous deux je suis celle qui pilote, au sens propre et au sens figuré.

Quand Maëva est occupée par ses soins ou se repose, je pousse Séverine à sortir, à ne pas rester à nous morfondre dans nos chambres du foyer familial. Je l'encourage : « Maëva va se remettre, bientôt elle pourra rentrer à la maison ». J'ignore d'où me vient la force qui m'habite et qui fait défaut à ma sœur à ce moment-là. Je ne saurai jamais pourquoi Lénaïs et Michaël sont partis et Lorik et moi sommes restés, mais je veux me battre pour mon fils, survivant. Que Séverine – qui a encore sa fille et son fils – ne fasse pas de même alimente ma colère. Mais chacune réagit à sa façon, selon son tempérament.

Peut-être que mes expériences passées m'ont déjà poussée à me dépasser ? Quitter ma famille à quinze ans pour suivre mes études a sans doute développé mon sens de l'autonomie. Supporter les absences de mon mari militaire m'a obligée à me débrouiller seule. Mon instinct de survie vient-il de là ? En tous cas, m'occuper au quotidien de Maëva et de Séverine me maintient en vie.

De retour à Gilly dans ma petite maison en décembre 2010 je donne la priorité à mon rôle de maman. Je remercie mes parents qui ont dû prendre le relais jusque-là, avec courage. Maintenant, je veux consacrer le plus de temps possible à mon fils, qui s'est d'ailleurs bien intégré à la maternelle du village.

La réalité économique m'impose de chercher un travail et il est parfois 21 heures quand je rentre à la maison, mais nous passons toujours un petit moment ensemble. Je lui lis une histoire avant de l'endormir, c'est notre rituel.

Lorik m'étonne beaucoup, il ne semble pas perturbé par l'absence de son papa et de sa petite sœur. Il me parle souvent de son père mais ne manifeste pas son manque. Pourtant, il se rongeait les ongles jusqu'au sang quand Michaël partait en opération pendant des semaines… Je suis surprise aussi qu'il parle peu de Lénaïs alors qu'ils étaient très proches.

Je lui ai expliqué que son papa et sa petite sœur sont « partis au ciel », dans les étoiles, qu'il peut leur parler, qu'ils veillent sur nous.

Il y a rapidement du nouveau pour moi sur le plan professionnel : je suis embauchée à temps partiel comme agent de restauration à quelques kilomètres de chez moi. La voisine de mes parents est assistante maternelle, je la connais depuis toujours, je lui confie Lorik sans hésitation pendant mes heures de travail assez décousues.

Je travaille dans un centre de réadaptation. Certains patients sont des accidentés de la route (un comble !) mais cela ne me perturbe pas, je ne vois dans la salle de restauration que les « mieux portants », des personnes âgées se remettant d'une opération de prothèse de genoux ou de hanche.

Cette reprise d'activité à temps partiel est une bouffée d'oxygène. Le métier est nouveau pour moi mais je suis travailleuse et le contact s'établit facilement avec les collègues qui me prennent sous leur aile, j'apprécie leur compagnie. La plupart sont au courant du drame. Tout se sait dans la campagne et mon nom est associé à l'accident : « C'est elle qui a perdu son mari et sa fille. » Cela ne me gêne pas, parfois j'échange même quelques mots à ce sujet.

Ceux qui ignorent mon histoire ne peuvent pas la deviner parce que je ne laisse rien paraître.

À vrai dire, dès que j'arrive au travail mon esprit se focalise sur autre chose et c'est comme si je laissais mes soucis dans la voiture. Entre collègues l'atmosphère est conviviale et complice avec des moments de franches rigolades. Je me laisse gagner par l'ambiance et mon naturel sociable revient au galop. Avec les patients aussi, j'échange volontiers quelques mots ou calembours quand je leur sers le café. Renouer avec une certaine légèreté me fait beaucoup de bien. J'aime aller travailler ! C'est un peu mon défouloir…

Étincelles de vie

Pour m'installer dans ma petite maison à Gilly j'ai reçu beaucoup d'aide. La famille, les camarades de l'armée et des amis. Parmi eux, Sébastien, que je connais sans l'avoir véritablement côtoyé à cause des sept ans qui nous séparent. Il était à l'armée pendant que j'étais au collège. Mes sœurs l'ont davantage côtoyé. C'est aussi le cousin de mon beau-frère défunt Didier.

Il habite sur les hauteurs de Gilly, dans une grande maison qu'il a construite de ses propres mains. Une profonde amitié le lie à mon père avec lequel il partage l'engagement au conseil municipal. C'est certainement mon père qui l'a sollicité pour aider à mon emménagement, il l'avait déjà enrôlé pour servir au vin d'honneur de mon mariage.

Sébastien vient gentiment prêter main forte pour transporter les nouveaux meubles que j'ai achetés. Ensuite dès que j'ai besoin de quelque chose Sébastien me rend service. J'apprécie son aide et son soutien. Je vois aussi combien il s'attache à mon petit garçon qui lui demande avec le sans-gêne qui caractérise les enfants : « Pourquoi toi, tu n'as plus de cheveux ? »

Peu à peu, très naturellement, Sébastien et moi nous rapprochons. Je ne ressens ni gêne ni culpabilité vis-à-vis de Michaël, parce que nous avons déjà évoqué ensemble cette éventualité. Le statut de militaire l'exposait plus que d'autres au danger. J'avais parfois peur pour lui, selon les destinations de ses missions mais l'hypothèse qu'il ne revienne pas d'une opération me semblait improbable et la crainte de le perdre m'était assez étrangère. Pourtant Michaël à plusieurs reprises m'avait clairement suggéré de « refaire ma vie » s'il lui arrivait quelque chose.

C'est probablement ce qui m'autorise à cueillir des instants de bonheur. Il me semble aussi que d'une certaine manière, après ce que j'ai vécu « j'y ai droit ».

Je suis aussi extrêmement soulagée de ne pas avoir à raconter mon drame à Sébastien qui l'a vécu puisqu'il est proche de ma famille et cousin de Didier.

Mois après mois je sens une confiance mutuelle s'installer entre nous. La nature sincère et sérieuse de notre relation me rassure. À mes yeux une histoire sans lendemain aurait été une forme de mépris étant donné la gravité de la situation. Sébastien s'engage en connaissance de cause dans notre relation qui promet de n'être pas toujours simple. Une telle tragédie laisse des séquelles.

À l'automne 2011 Lorik et moi intégrons la maison de Sébastien. Une décision qui ne manque pas de faire jaser. Certains jugent que ce changement de vie vient rapidement. Mais nous n'accordons pas grande importance au regard des autres.

Mon père et ma mère sont ravis. Les parents de Sébastien se réjouissent aussi pour leur fils unique. Globalement, même si chacun a son propre rythme pour se faire à l'idée, les proches sont contents d'apprendre que je ne suis plus seule.

Je crois fermement que l'être humain n'est pas fait pour vivre seul. C'est ensemble qu'on peut se soutenir. Avoir quelqu'un à qui parler quand on rentre du travail rend la vie plus douce. Ne pas être seule pour élever mon fils me soulage aussi. D'ailleurs Sébastien dès le début se comporte comme un père avec Lorik (qu'il appelle son fils). Lorik l'adopte très bien, même s'il ne l'appellera jamais Papa.

Rencontrer Sébastien a été ma chance, il a été présent à un moment charnière de ma vie. La manière extraordinaire dont nous sommes connectés nous étonne l'un et l'autre. Nous pensons souvent la même chose au même moment, c'est agréable. Et si notre rencontre n'était pas un hasard ? Peut-être était-il la personne qu'il me fallait pour traverser cette épreuve ?

Notre vie commune depuis quatorze ans a participé à ma reconstruction. Grâce à Sébastien j'ai renoué petit à petit avec ma vie de femme et de mère aussi, un peu plus tard. Je ne parlerai pas de bonheur retrouvé, car il a définitivement déserté ma vie le jour où j'ai perdu mon mari, mon enfant, mon neveu et mon beau-frère. Je traînerai toujours ce quadruple deuil comme un poids, mais le temps et l'affection que je reçois atténuent un peu la douleur.

Sébastien aurait voulu que nous nous mariions. Cela m'est impossible. J'ai besoin de garder le nom de famille de Michaël. J'étais si heureuse de l'adopter en me mariant au bout de dix ans et après avoir construit notre famille. En survenant presque immédiatement après notre mariage l'accident fatal a été particulièrement traumatisant. Rester « madame Boyer » m'importe plus que tout. C'est une manière de rester fidèle à Michaël.

Même si j'aime Sébastien, nous savons l'un comme l'autre que le lien qui s'est tissé entre nous s'est construit dans des circonstances très particulières. Sans l'accident, j'aurais continué à vivre auprès de Michaël que d'ailleurs je n'oublie pas. Je l'aime toujours : il est mon premier amour et celui avec lequel j'avais choisi de me marier. Les parents de Michaël restent mes beaux-parents. Me voir vivre avec un nouveau compagnon fut difficile pour eux et je le comprends. Mais le temps a fait son œuvre. Peut-être ont-ils été soulagés de découvrir une présence masculine bienfaisante pour leur petit-fils. Aujourd'hui ils s'entendent très bien avec Sébastien.

La nouvelle de ma grossesse au printemps 2012 nous enchante. Sébastien est fou de joie et ses parents ravis de devenir grands-parents. Le 19 décembre 2012 je donne naissance à notre fille Ninon, mon troisième enfant. L'accouchement se déroule simplement et naturellement, un vrai bonheur qui inévitablement me rappelle la naissance de Lénaïs.

J'accueille comme un signe le fait d'avoir à nouveau une fille. Rien à voir avec la réincarnation, de toute façon aucune ressemblance physique ne rapproche Ninon de Lénaïs.

Ninon est une petite fille adorable dont je m'occupe avec bonheur. Lorik est très heureux d'accueillir sa petite sœur.

Même si je ne lui ai jamais dit, Ninon est mon bébé « arc-en-ciel » : c'est le nom donné au bébé qui illumine la vie des parents qui ont perdu un enfant. Il n'est pas question de remplacer sa sœur, mais sa présence apporte un peu de paix dans mon cœur.

Elle grandit. Quand elle entre à l'école maternelle, j'ai un pincement au cœur et cela se produira à chaque étape de sa vie : l'entrée au CP, puis au collège. Parce que Lénaïs n'a vécu que deux ans et demi, et je ne saurai jamais comment elle aurait franchi ces étapes. Je ne peux pas l'imaginer à six ans, dix ans, dix-huit ans…

Séquelles

Ces nouveaux départs m'ont aidée à me reconstruire en tant que femme et mère. Mais je n'irai pas jusqu'à dire que j'ai repris goût à la vie. Car on ne ressort pas indemne d'une telle tragédie.

D'abord, je me rends compte que mon cerveau a effacé des souvenirs de ma vie d'avant et aussi des premiers mois après le choc. Pour finaliser ce récit il m'a fallu interroger des proches sur des précisions que j'avais oubliées.

Ensuite, je traverse évidemment des moments de profonde tristesse depuis le drame. Souvent cela me referme un peu sur moi-même. Je n'ai pas envie de parler. Cela peut durer un certain temps. J'attends que cela passe. Revenir dans le concret de ma vie avec mes enfants et Sébastien m'aide à sortir de ma torpeur.

Quant à mon caractère, il a changé aussi, je crois. Il me semble que j'étais plus joviale avant. Je suis devenue plus aigrie, plus irritable et j'ai dans le cœur une colère sourde.

J'aurais voulu être en colère contre quelqu'un : pouvoir me dire « c'est à cause de lui. » Mais il n'y a rien à reprocher au chauffeur du camion : il ne s'est pas endormi, il n'avait pas bu. C'est le pneu qui a éclaté sans raison et qui a entraîné le camion dans une trajectoire meurtrière. Je ne peux pas être en colère contre un pneu !

L'accident est une conjonction de facteurs : notre voiture et celle de mon beau-frère ont été au mauvais endroit au mauvais moment. Et c'est tout. Je ne saurai donc jamais pourquoi c'est arrivé. Ni pourquoi ils sont partis et moi je suis restée en vie.

Puisqu'il n'y a pas de coupable sur lequel déverser ma colère, il arrive que mes proches, à la maison, en fassent les frais. Je deviens désagréable pour des choses de peu d'importance. À l'extérieur je me contiens, je montre que ça va, que je tiens le coup. Mais à la maison je craque, je m'autorise inconsciemment à arrêter de « faire la forte ».

Dans les conversations en famille, je refuse aussi de tourner en boucle sur « la maladie d'untel », « le décès d'untel ». Ce n'est pas un sujet tabou : la mort et la maladie font partie de la vie, malheureusement. Mais focaliser les conversations sur ces sujets uniquement me pèse beaucoup. Je préfère que nous parlions des vivants !

Je fais attention aussi à ne pas m'exposer à des images qui réveilleraient mon traumatisme. Suivre les actualités qui montrent des victimes d'accidents ou d'attentats m'est insupportable. Mes proches le savent et n'hésitent pas à changer de chaîne quand cela se produit. Pour me protéger je choisis soigneusement les séries que je regarde en fonction de leur scénario.

Et depuis l'accident, je vis chaque jour avec la hantise de perdre à nouveau un proche. L'insouciance de ma jeunesse s'est envolée.

Il suffit que Sébastien ait dix minutes de retard ou que mon père soit sur la route pour que j'imagine le pire. Et depuis que Lorik détient le permis de conduire, je ne cesse de m'inquiéter pour lui. J'essaie de me raisonner mais cette peur ne me lâche pas. Quand il sort, je dors avec le téléphone sous mon oreiller. Tant qu'il n'est pas rentré, je ne ferme pas l'œil.

Pour calmer mes peurs et mes sautes d'humeur, je me suis tournée vers la sophrologie il y a quelques années. J'étais devenue exécrable en voiture quand je n'étais pas au volant. Avec Sébastien aussi : « Attention ! Ça freine devant ! Tu as vu ? Ça va passer au rouge ! »

J'avais peur sans arrêt. J'appuyais sur une pédale imaginaire pour freiner… « Mais enfin, Laëtitia, je sais conduire ! Comment crois-tu que je fasse quand tu n'es pas là ? »

Le début de la conduite accompagnée avec Lorik a été un calvaire pour moi. Même s'il conduisait bien, j'étais morte de peur quand il prenait le volant. Je me maîtrisais et taisais tous les commentaires que j'aurais pu faire (« attention à ceci, à cela, as-tu vu le véhicule derrière ? ») mais quand je sortais de la voiture, j'étais tellement crispée que j'en avais des douleurs.

Le comble, c'est que Lorik se prépare à être chauffeur routier. Je n'ai pas essayé de l'en dissuader puisque c'est sa passion. C'est surprenant, mais si c'est ce qu'il veut faire !

La sophrologie m'a aidée. Les séances bimensuelles pendant une année m'ont permis de finir la conduite accompagnée avec Lorik et maintenant je suis plus calme en voiture.

La sophrologue m'a guidée au long des séances individuelles par différents processus et j'ai apprécié qu'elle ne me demande pas de parler. Dans le processus elle m'a confrontée (par l'imagination) à un accident de la route comme une sorte d'électrochoc, mais elle m'a invitée à visualiser par la relaxation un endroit où je me sens bien (la montagne), et m'a appris, dès que j'ai un moment de panique, à me reconnecter à cet endroit dénommé « mon refuge ».

Dans ces moments-là, en plus du « refuge » par la pensée, elle m'a aussi suggéré de trouver du réconfort en voiture avec les sucreries que j'aime ! Alors depuis ce temps j'ai toujours des petits bonbons ou des sucettes à disposition ! J'y ai recours mais avec modération tout de même pour éviter les kilos !

Quelques années auparavant, lors d'une phase de fatigue intense j'avais consulté pour la première fois un psychologue. (Contrairement à nos enfants qui dès le lendemain de l'accident avaient rencontré à l'hôpital de Béziers un psy-chologue, moi je n'avais pas bénéficié de ce genre de soutien. Je n'en éprouve aucun regret, de toute façon je n'avais pas envie de parler à d'autres que Séverine à cette période-là.)

Je suis allée consulter ce psychologue pour aller mieux. Mais en écoutant mon récit il a sur-tout exprimé sa pitié et ce n'est pas ce que je cherchais. Je n'y suis pas retournée.

Se recueillir au cimetière

Michaël et Lénaïs ont été enterrés à Montceau-les-Mines.

J'ai pris cette décision très vite, j'étais dépassée par les événements. Le choix de Gilly ne faisait aucun sens pour moi à l'époque, puisque je n'y habitais pas. Montceau était le village natal de Michaël et ils seraient près de ses parents.

J'ai regretté amèrement ce choix plus tard. Je me suis aussi demandé pourquoi à l'époque personne n'avait remis en question ce choix. Rassembler les quatre vies qui avaient été fauchées en même temps n'était venu à l'idée de personne.

Pendant des années, j'ai pris la route régulièrement pour me rendre au cimetière : pour des dates anniversaires de la naissance de mes chers défunts, pour Noël et la Toussaint. En dehors de mes visites mes beaux-parents fleurissaient la tombe chaque semaine.

Je souffrais de ne pouvoir y aller plus souvent[1]. Je ressentais un manque presque physique. Comme si une partie de moi me manquait. Jusqu'à ce que me vienne l'idée de faire rapatrier leurs corps au cimetière de Gilly. Je voulais pouvoir me recueillir sur leur tombe à tout moment. Il me semblait que je vivrais mieux en sachant Michaël et Lénaïs tout près.

Cette décision n'a pas été facile à prendre. J'étais très ennuyée vis-à-vis de mes beaux-parents. Il me semblait que j'allais une deuxième fois leur enlever leur fils. Il m'a fallu beaucoup de courage pour leur en parler. Ils m'ont avoué ne pas être étonnés de ma demande qu'ils ont acceptée.

Les démarches se sont étalées sur plusieurs mois – on n'ouvre pas un caveau sans de nombreuses autorisations – et l'opération engageait des frais importants. Mais je sentais combien cette étape était importante pour moi alors je me suis démenée.

Le régiment des Spahis m'a encore une fois soutenue financièrement, et aussi invitée à mettre en place une cagnotte pour récolter la somme manquante. Cela m'a forcée à expliquer

---

[1] *Cela représentait 130 kilomètres aller-retour.*

les raisons de mes démarches. J'avais peur de me heurter à l'incompréhension : « Pourquoi vient-elle embêter ceux qui reposent en paix ? ». Finalement cela ne s'est pas produit. Ou peut-être n'ai-je rien entendu car j'étais déterminée ? Beaucoup ont participé à ma cagnotte, sans eux, je n'aurais certainement pas pu aller au bout de ma démarche, je leur dois énormément !

Je me suis obligée aussi à ne pas penser à l'état de décomposition des corps, dont le rapatriement s'est déroulé le 22 mars 2022 avec l'aide des pompes funèbres. L'émotion m'a étreinte quand le corbillard est arrivé à Gilly ce jour-là. J'ai revécu en quelque sorte l'inhumation, heureusement j'étais accompagnée par un petit comité familial. Après un petit mot, les cercueils (dans des housses) ont été glissés dans la nouvelle tombe.

Cette étape a été décisive. Je me sens tellement mieux depuis ce jour. C'est comme si une part de moi m'avait été rendue. Aujourd'hui je sais que leur place était ici et je me dis qu'ils sont contents eux aussi d'être près de moi.

Didier et Kelvin sont à quelques mètres. Et j'ai réservé l'emplacement à côté de Michaël et Lénaïs pour Sébastien et moi plus tard…

Toutes les semaines je me rends une ou deux fois au cimetière. J'entretiens leur tombe et je leur parle – à voix haute. J'aime aussi y déposer des décorations.

J'ai mis dans une boîte transparente un doudou identique à celui de ma fille (le véritable a été posé dans son cercueil), son poupon et une Barbie avec laquelle elle avait beaucoup joué après sa fracture au fémur. Dans mon cœur et dans ma tête Lénaïs reste à jamais une petite-fille de deux ans et demi. Cela interroge beaucoup autour de moi : « Elle aurait presque dix-huit ans maintenant, pourquoi mets-tu encore un doudou sur sa tombe ? »

J'ai pris l'habitude de rapporter des souvenirs de vacances (une mouette de l'île d'Oléron, un Mont-Saint-Michel miniature...) que j'achète par deux, un pour Michaël et un pour Lénaïs. Je dépose sur la tombe des décorations de saison à Pâques, Noël – des objets qui auraient plu à ma fille. C'est pour moi une manière de rester en lien avec eux. Je change régulièrement ce qui s'abîme avec le temps, le vent, la pluie.

Ninon sait ce qu'il s'est passé, nous en avons parlé. Mais ces conversations la rendent triste et je ne veux pas lui faire de peine alors je n'en parle pas souvent. En revanche elle m'accompagne parfois au cimetière.

Lorik, lui, n'en manifeste pas l'envie alors je ne l'y oblige pas. Peut-être s'y rend-il à mon insu ?

Quand il était petit, nous parlions tous les deux de Michaël et Lénaïs, quand nous faisions quelque chose en rapport avec eux. « Ah ! Tu te souviens, tu faisais ça avec Lénaïs aussi… »

Au fil du temps ce genre de propos se sont estompés. Par respect pour Sébastien je n'ai pas cherché à entretenir ces conversations. Je n'ai pas non plus affiché chez nous de photo de Lénaïs ou Michaël. J'en ai gardé bien sûr, mais dans le tiroir de ma table de nuit.

Faire ou ne pas faire la fête

Chaque année, le 11 mai c'est mon anniversaire. Chaque année le 11 mai c'est aussi l'anniversaire de Lénaïs.

Ce jour-là en particulier son absence me revient en pleine face. Elle ne soufflera jamais plus de bougies sur un gâteau. C'est pourquoi le traditionnel « bon anniversaire » a longtemps été un supplice.

Le 11 mai je vais systématiquement lui parler au cimetière. Mais fêter quoi que ce soit ce jour-là a été au-dessus de mes forces pendant des années.

Et puis, avec le temps… ma position s'est un peu adoucie. J'accueille désormais les gentils messages, beaucoup mentionnent Lénaïs. « Une pensée pour ta princesse. »

Je crois que j'ai besoin que les autres ne l'oublient pas.

À l'approche de mes quarante ans j'ai pris conscience que j'allais priver mes parents de la joie de fêter ce passage. Je me suis dit aussi que Michaël et Lénaïs ne voudraient pas que je fasse éternellement une croix sur ces événements festifs et joyeux. Alors j'ai fait l'effort. Et je ne le regrette pas.

J'ai réuni en mai 2023 soixante-dix personnes dans la salle des fêtes du village : famille, amis, proches : tous ceux qui avaient été un soutien à un moment donné de ma vie. Avec cette soirée organisée presque treize ans après l'accident j'ai pu rendre hommage à nos quatre défunts et remercier tous ceux qui m'avaient aidée.

La soirée festive a démarré par un grand moment d'émotion puisque j'ai pris la parole. Juste après avoir fait passer la chanson de Céline Dion « Je ne vous oublie pas ».

« Je ne vous oublie pas, non, jamais
Vous êtes au creux de moi
Dans ma vie, dans tout ce que je fais »

Et j'ai ensuite improvisé.

« Cette chanson résume bien ce que j'ai vécu.
Je ne vais pas m'étendre sur le sujet mais je voudrais
qu'on ait une pensée pour ma princesse Lénaïs, mon mari
Michaël, mon neveu Kelvin et mon beau-frère Didier, et

pour ceux qui auraient dû être là mais malheureusement sont absents.

Si vous êtes-là ce soir c'est parce que nous avons partagé quelque chose ensemble. Ça commence par la famille évidemment, je vous remercie énormément de m'avoir soutenue après tout ce qu'on a vécu. Il y a une personne en particulier que je voudrais remercier, c'est mon Loulou ! [Lorik] Merci de ne pas m'avoir abandonnée ce soir-là. Je ne serais probablement pas devant vous en train de faire ce discours s'il était parti lui aussi.

C'est lui qui m'a sauvée. Grâce à lui j'ai continué à avancer. Il a été mon moteur, sans lui je me serai retrouvée toute seule. J'aurais eu ma famille, mais…

Je remercie mon Seb, à qui on devrait décerner une médaille parce que ce n'est pas facile tous les jours de me supporter.

Je remercie mes beaux-parents, les parents de Michaël, d'être là ce soir, je sais que ce n'est pas facile pour eux aujourd'hui. On ne l'oublie pas et vous êtes ma famille, merci d'avoir fait le déplacement.

Merci à vous tous pour votre présence, certains viennent de loin.

Fêter mes quarante ans c'est être ensemble, se réunir et profiter. Je vous souhaite une excellente soirée ! Et juste quelques petites règles pour ce soir : il est interdit de tirer la tronche, il est fortement conseillé de sourire, rire, danser, et profiter. Merci à tous. »

Je ne sais pas où j'ai puisé cette force pour être si positive et pleine d'entrain. Je me dis que mes deux étoiles y sont pour quelque chose, elles sont toujours un peu présentes.

Ce fut une très belle soirée, je ne regrette pas un instant de l'avoir organisée. J'ai dansé et je suis rentrée à la maison vers six heures du matin…

L'année suivante, avec Sébastien et les enfants nous sommes partis plusieurs jours visiter les châteaux de la Loire à l'occasion de mon anniversaire et avons fêté cela au restaurant. Désormais, le 11 mai je fête mon anniversaire et d'une certaine manière celui de Lénaïs aussi.

En revanche, la période des fêtes de fin d'année reste encore douloureuse.

Nous avons gardé l'habitude de passer Noël tous ensemble avec mes parents, mes frères et sœurs, mes neveux et nièces pour jouer le jeu pour les enfants qui croient au père Noël. Mais nous avons perdu l'entrain. Il manquera toujours quatre personnes autour de la table. Encore un Noël sans eux. J'attends toujours impatiemment que cette période s'achève et que le calendrier affiche la date du 2 janvier.

Dans le ciel et sur la peau

La nuit, quand je regarde le ciel, je vois des étoiles. Je pense à Michaël, Lénaïs, Didier et Kelvin qui sont pour Séverine et moi nos quatre étoiles.

Les imaginer dans le ciel m'apporte un certain réconfort.

C'est sans doute pour cette raison que j'aime aller en montagne et prendre de l'altitude : j'ai la sensation de me rapprocher d'eux. Grâce à Sébastien qui a depuis longtemps un appartement dans les Alpes j'ai découvert ces paysages dont je suis tombée amoureuse. Chaque été nous en profitons tous les quatre avec grand plaisir. Majestueuses et solidement ancrées, les montagnes ont le pouvoir de m'apaiser.

J'ai aussi eu la chance de voler (une fois en parapente, une fois en ULM). Quelle joie ! J'aime me dire que je suis plus près d'eux.

« Ne me reprochez pas d'être tête en l'air, j'ai mon enfant assis sur un nuage ».

Après l'accident, j'ai fait tatouer sur mon épaule un papillon avec cette phrase que j'avais lue quelque part. Sur l'autre épaule j'ai fait tatouer une petite fée, la même que celle qui orne la pierre tombale de Lénaïs.

J'ai fait faire d'autres tatouages encore : avec des étoiles ou les prénoms de mes trois enfants. Je n'ai pas « gravé » Michaël sur ma peau, par égard pour Sébastien. Mais je me suis tout de même fait tatouer une étoile sur mon annulaire gauche, près de ma bague de fiançailles et mon alliance qui ne me quittent jamais.

Les tatouages qui symbolisent l'éternité sont devenus ma thérapie ! Je n'en ai pas besoin pour me souvenir de mes étoiles mais j'honore ainsi leur courte vie. J'ancre leur histoire de manière indélébile dans ma peau.

Je porte aussi toutes sortes de bijoux.

En médaillon une petite fleur – dont la tige est une mèche de cheveux de Lénaïs –, un pendentif en forme d'étoile avec son portrait, un bracelet. J'ai fait faire également une bague avec sa gourmette de baptême.

Penser à mes étoiles m'aide à vivre. Je crois fermement que les défunts nous voient, que leur âme est toujours présente, qu'ils m'entendent quand je leur parle. Quand j'ai une décision à prendre, je me demande « qu'est-ce que Michaël en penserait ? » J'aime penser qu'il me voit et j'espère qu'il est fier de ce que j'ai accompli. Je me répète aussi que Michaël et Lénaïs veulent que je sois heureuse. C'est une pensée qui m'aide à me relever des phases sombres.

Depuis que j'ai « mes étoiles » dans le ciel, je suis plus attentive aux coïncidences que j'interprète comme des messages qui me sont destinés. Il m'arrive de percevoir des signes de la présence de mes chers défunts, sous une autre forme. L'apparition soudaine d'êtres vivants qui arrivent par deux me touche beaucoup : deux papillons qui butinent sous mes yeux, deux escargots qui se promènent sur la tombe ou deux oiseaux qui se posent devant moi. À travers ces événements éphémères je sens Michaël et Lénaïs qui me rendent visite pour voir comment je vais. C'est inexplicable, et pourtant... selon moi le hasard n'existe pas. Des coïncidences me troublent.

L'année compte 365 jours et malgré tout des dates clés se répètent.

Ma sœur Séverine s'est mariée un 2 août. Le même jour que l'accident.

La femme qui était dans la voiture juste derrière nous sur l'autoroute (et qui est venue avec son mari à mon secours) s'est mariée le 17 juillet 2010. Le même jour que Michaël et moi.

Cette femme a eu un fils qui est né le 19 décembre. Le même jour que Ninon.

Après l'accident, le meilleur ami de Michaël a eu une petite fille qui est née un 30 mars. Le même jour que Michaël.

Sur la carte grise de la voiture que Lorik a achetée figure le jour de la première mise en circulation : 30 mars aussi. (J'en déduis qu'il ne lui arrivera rien dans cette voiture !)

Comment interpréter ces coïncidences de dates ? Parfois elles me rassurent, parfois elles me font peur. Et si ma vie suivait une destinée ?

S'entourer

Penser à mes chères étoiles me fait du bien mais par moment cela peut me rendre triste aussi. C'est le lien avec mes proches bien vivants qui me porte. Leur soutien me donne la force d'avancer.

Ma famille d'abord. Je vois souvent mes parents, mon frère et mes sœurs. Ils ont toujours été là pour moi. Savoir que je peux compter sur eux est un grand soutien. Plus que les mots, leur seule présence me suffit.

À part Christelle qui vit en Haute-Savoie, nous sommes géographiquement concentrés autour de notre village natal.

Grandir entourée de parents extraordinaires et courageux fut ma chance. Ils nous ont offert une enfance heureuse et ont su créer des relations solides entre nous. Quand la famille s'est étoffée avec les beaux-frères et belles-sœurs, neveux et nièces, nous avons toujours maintenu des liens d'affection.

Il arrive qu'un drame comme celui qui nous a frappés détruise une famille. La nôtre s'est soudée davantage pour faire bloc – malgré la douleur. Le soutien que Séverine et moi y avons reçu a été primordial. Nos parents nous ont relayés auprès de nos enfants autant que nécessaire et je veux les en remercier, ainsi que ma sœur Christelle et mon frère qui ont géré l'ensemble des démarches administratives et l'organisation des obsèques.

Le malheur m'a aussi particulièrement rapprochée de Séverine et de ses enfants. Elle a peiné à se relever et aujourd'hui je me réjouis pour elle qu'elle ait un nouveau compagnon de vie.

De ma vie d'avant me restent peu d'amis – à part ma chère Céline que je connais depuis mes dix-sept ans et dont la présence a été un cadeau à chaque étape de ma vie. Elle ne s'est pas enfuie. Elle a participé au rapatriement de mes affaires de Tournon.

Avec les autres, les relations se sont effilochées avec le temps. Peut-être que certains n'ont pas su comment se comporter avec moi après l'accident. Ils n'ont pas osé, bloqués par leur propre peine, leur gêne, leur souci de ne pas me déranger. Je ne leur jette pas la pierre.

Mais j'ai noué de nouvelles amitiés. Je sors régulièrement au restaurant avec des amies, des collègues, des voisines, je vais marcher une heure ou deux avec elles. J'aime discuter avec ceux que je croise en chemin, tout simplement entretenir le lien social.

Et grâce à Sébastien j'ai rencontré une nouvelle famille : le club de football !

Comme entraîneur du club de notre village il passait beaucoup de temps sur le terrain, et j'ai commencé à l'accompagner en semaine et aux matchs du dimanche après-midi. Cela m'a donné l'occasion de sortir, de voir du monde, de me changer les idées.

Nous sommes un petit groupe de quatre femmes de joueurs et nous nous entendons très bien, malgré nos âges différents. Quand nous nous voyons, nous passons toujours de bons moments de partage et de franche rigolade, c'est simple, je les adore. Elles sont ma deuxième famille. Quand je vais au foot, je sais que je vais passer un bon moment, et la vie c'est ça ! S'entourer de personnes qui vous font du bien !

Le club m'a ouverte à de nouvelles amitiés. J'apprécie ce groupe qui me manque pendant la trêve hivernale ! Avec eux j'ai même accepté de souffler les bougies sur mon gâteau d'anniversaire, c'est dire !

Au sein du club tout le monde s'entend bien, plaisante, se taquine. Nous nous amusons comme des gamins et la simplicité et la légèreté sont pour moi une vraie bouffée d'oxygène, comme au centre de réadaptation où j'ai longtemps travaillé et où je m'amusais bien.

Ces moments de rigolades viennent un peu adoucir ma peine. Je ris beaucoup. Cela ne veut pas dire que je suis heureuse mais j'essaie de m'en sortir. Rire m'aide à guérir. J'ai trouvé une citation (anonyme) qui semble écrite pour moi :

« Les gens qui ont souffert sont ceux qui savent rire, parce qu'ils y mettent leur combat, leur douleur, leur force, leur joie et leur vie. N'interdisez jamais un rire, écoutez-le et riez aussi, c'est peut-être un cœur qui guérit. »

L'humour est pour moi un soutien. Michaël me faisait beaucoup rire. Sébastien est très drôle aussi, nos fous rires me régénèrent.

Une autre personne me fait rire, c'est ma prothésiste ongulaire. Je l'apprécie beaucoup. Depuis plusieurs années elle prend soin de mes ongles et en fin de compte elle prend soin de moi. Elle joue presque le rôle d'une psychologue : chaque séance nous offre deux heures de tête-à-tête pendant lesquelles nous échangeons. Le lien de confiance qui s'est établi permet à la fois des conservations légères et amusantes et des discussions sérieuses et profondes. Son écoute et ses conseils me portent. Sa neutralité libère ma parole et la confidentialité de son cabinet me permet de me livrer.

Mener des projets

Entreprendre évite de cogiter. Et avoir des projets c'est regarder vers l'avenir. C'est donc manifester l'envie de continuer. Les projets m'ont fait avancer et Sébastien a toujours été présent et acteur avec moi.

En 2013, j'ai acheté un bar restaurant situé à côté de la gare de notre village. Michaël était cuisinier. Ouvrir un restaurant était son rêve… j'ai eu envie d'investir pour lui rendre hommage.

À l'époque le local était fermé parce qu'il ne répondait plus aux normes en vigueur. Ce projet nécessitait donc de gros travaux. Cela ne nous a pas empêché ma sœur Séverine et moi de nous lancer ensemble. Nous avons fait reconstruire une salle de restauration (cinquante couverts à l'intérieur, avec une grande terrasse extérieure pour l'été) et un logement attenant pour les restaurateurs locataires.

Après plusieurs années de fonctionnement le local s'est trouvé vide à nouveau en 2024. J'ai refusé de le vendre. Sébastien a racheté les parts de ma sœur et nous avons fini par rénover le local pour nous lancer nous-mêmes dans l'aventure. Nous testons actuellement une nouvelle formule : ouverture du bar tous les matins (avec dépôt de pain et de journaux) et une soirée mensuelle de restauration sur réservation. J'assure moi-même la présence du matin avec le service au bar. Ce projet tout nouveau nous tient à cœur, nous espérons qu'il contribuera à redynamiser notre village.

Ce n'est pas le premier projet que je mène avec Sébastien qui foisonne d'idées (en plus il est doué !). Sur ses conseils, j'ai acheté en 2014 la petite maison vétuste dressée à la limite de notre terrain. Sébastien a eu l'idée de la louer après rénovation, non pas à l'année (car elle donne directement sur notre cour et nous aurions perdu notre tranquillité), mais occasionnellement comme maison de vacances au printemps et en été. Sébastien, son père et mon père ont réalisé les travaux. Il a fallu plusieurs années pour la transformer en un gîte très agréable, avec une belle terrasse qui surplombe la vallée de la Loire. J'ai pris en charge avec plaisir l'ensemble de la décoration intérieure et nous avons ouvert en 2017 le gîte de « Loulou et Minette » (un clin d'œil aux surnoms que je donne à Lorik et Ninon). C'est moi qui le gère.

Entre-temps, j'ai démissionné de mon poste d'agent de restauration où je serai restée cinq ans. L'emploi du temps haché ne me convenait plus.

Quant à Sébastien, il a quitté son emploi salarié en 2019 pour racheter à une connaissance une activité d'installation de piscines. Nous avons bâti un entrepôt. Il installe les piscines chez les clients et assure le dépannage. Il m'a proposé de travailler avec lui sur la partie administrative et sur la vente des produits de piscine dans le petit magasin attenant à l'entrepôt. C'est une activité saisonnière qui m'occupe les après-midi d'avril à octobre.

J'aime surtout le contact avec la clientèle. Le travail de secrétariat – passer les commandes, éditer les factures et les devis – me convient également. Travailler avec Sébastien me plaît.

Ces projets que nous avons menés ensemble me remplissent de fierté. Ils ont exigé énergie et persévérance. C'est un trait de mon caractère : j'aime aller au bout de mes idées sans rien lâcher ! Je ne saurais dire si j'ai toujours été comme ça ou si les circonstances de ma vie m'y ont poussée.

Même si l'accident qui a changé ma vie me revient parfois en pleine figure je m'efforce d'avancer. Je me bats pour ceux qui restent et je ne manque pas de projets pour l'avenir.

J'essaie aussi de profiter de chaque instant. Je ne repousse pas à plus tard ce qui me fait envie (une sortie, un spectacle…) parce que la vie m'a appris qu'on ne sait pas de quoi demain sera fait…

Témoigner

Un jour j'ai vu à la télévision un appel à témoignage sur le sujet « Vos vacances en famille ont tourné au cauchemar ». C'était en 2023 pour l'émission *Ça commence aujourd'hui* dans laquelle Faustine Bollaert invite sur le plateau des personnes pour témoigner d'un événement marquant de leur existence. L'émission que je regarde de temps à autre est plutôt positive et optimiste et ces témoignages permettent parfois à des téléspectateurs d'avancer dans leur propre parcours.

L'appel à témoins m'a interpellée, j'en ai immédiatement parlé à ma sœur Séverine. Si j'y allais, c'était avec elle ! Elle était d'accord, j'ai pris contact avec la société de production.

Nous avons dû exprimer dans une courte vidéo nos motivations pour participer à l'émission. Très naturellement, nous avons expliqué notre envie de partager notre histoire, d'exorciser un peu ce drame en le racontant, et de porter un message d'espoir, en montrant qu'on peut quand même se relever.

Notre vidéo a suffi à nous sélectionner. Nous allions être recontactées pour un tournage en direct à Paris.

Notre entourage formulait toutes sortes de remarques : « Cela vous remuera trop, ne le faites pas », « N'exposez pas votre vie privée à la télévision ». Ces réactions nous faisaient hésiter mais cette démarche nous tenait à cœur : à la fois pour expliquer ce qui était arrivé (car nos connaissances ne le savaient pas précisément), et pour rendre hommage à nos quatre étoiles. Séverine et moi ne les oublierons jamais, mais il nous importe d'honorer leur souvenir. Nous voulions aussi transmettre un message d'espoir à ceux qui pourraient être confrontés à une situation similaire.

Quand le jour J est arrivé, l'excitation nous a gagnées. Maëva nous a accompagnées à Paris, nous avons même eu le temps de voir la tour Eiffel avant de rejoindre le studio. Nous avons été accueillies par une équipe de production aux petits soins. On nous a présenté brièvement le déroulement à venir, les questions que Faustine allait nous poser. Après la séance de maquillage nous avons attendu dans des loges et eu l'occasion de rencontrer les avocats et psychologues qui participent à l'émission sur le plateau. Le tournage en direct de la séquence qui précédait la nôtre avait commencé.

La pression m'a fait perdre mon assurance… Et si je bafouillais pendant le tournage ? Séverine m'a encouragée : « Maintenant que nous sommes là ce n'est pas le moment de flancher ! »

Maëva est restée dans le public comme convenu lorsque nous nous sommes installées sur le canapé du studio, qui ressemble à un salon d'appartement. Faustine nous a gentiment encouragées puis le tournage a commencé. C'est l'autre témoin de « vos vacances en famille ont tourné au cauchemar » qui a commencé l'émission (j'en ai été soulagée). Il a fait le récit d'un accident de jet-ski qui a laissé sa fille lourdement handicapée.

Puis c'était notre tour. Séverine a été très forte, c'est elle qui a pris la parole pour raconter. Elle était moins stressée que moi. Nous nous tenions la main pour nous donner du courage. Le discours s'est enchaîné autour des questions de Faustine, auxquelles j'ai répondu. Puis une séquence vidéo a été projetée dans laquelle notre sœur Christelle s'adressait à nous : « Je suis fière de vous et j'admire votre force de caractère. (…) Je ne sais pas si j'aurais été capable de me relever comme vous. Je pense bien fort à vous. » J'étais au bord des larmes, très émue de cette surprise d'autant plus qu'elle nous avait plutôt découragées de participer à cette émission (de peur que raconter le passé nous plonge durablement dans la tristesse).

Finalement, le temps nous a fait défaut pour exprimer tout ce que nous voulions. (Le premier témoignage avait été long.) J'ai regretté de n'avoir pas pu dire que j'étais mariée seulement depuis deux semaines quand c'est arrivé, et que Lénaïs était née le même jour que moi.

Mais j'ai pu expliquer que ce sont nos enfants survivants qui nous ont donné la force de nous relever. Sans Lorik, il m'aurait manqué une raison de continuer à vivre. Je suis heureuse d'avoir pu l'exprimer.

J'ai été heureuse et fière d'avoir participé à cette émission. Sébastien qui m'avait beaucoup soutenue m'a félicitée. Dans les jours qui ont suivi, la vidéo a circulé sur les réseaux sociaux et les messages de soutien m'ont mis du baume au cœur. Dans le village aussi, certains ont dit leur admiration devant notre force à toutes les deux. En réalité c'était la première fois que nous reparlions de ce qui nous était arrivé.

Les jours qui ont suivi ont été difficiles pour moi. Je me suis refermée comme une huître. D'une certaine manière en le racontant j'avais revécu l'accident et j'avais pris conscience que j'en avais été victime moi aussi. C'est Sébastien qui m'a sortie de mon mutisme. Il m'a poussée à parler, m'a écoutée et aidée à me relever.

S'entraider

Inévitablement des personnes de mon entourage sont confrontées elles aussi à la perte d'un être cher. J'y suis particulièrement sensible et j'essaie de manifester mon soutien et ma compassion, et de leur transmettre du courage.

Par ailleurs, je me connecte quotidiennement sur les réseaux sociaux, c'est une manière de m'ouvrir aux autres, d'échanger. Je consulte les groupes de discussion de parents endeuillés (notamment les « mam'anges et pap'anges »). Des citations anonymes – souvent joliment illustrées – circulent sur internet : elles formulent parfois exactement ce que je ressens. De temps à autre j'évoque mes étoiles dans une publication. J'y ajoute une musique qui me plaît[1].

Les commentaires, les réactions, les phrases d'encouragement sont une forme d'entraide au sein d'une communauté (virtuelle) de

---

[1] *Comme le morceau « C'est nous » de Fabrice Aboulker et Pascal Stive extrait de la série « Je te promets ».*

personnes qui traversent la même épreuve. C'est réconfortant de me sentir comprise.

Et pourtant depuis quelques années déjà je ressens l'envie et le besoin d'aller plus loin. Je voudrais rencontrer en chair et en os des personnes touchées par le deuil (au sens large).

Désormais je me sens prête à partager de vive voix sur ce sujet, j'aimerais participer à un groupe de parole, voire l'animer. Il me semble qu'à plusieurs, nous pourrions nous enrichir des expériences des uns et des autres, et la régularité offrirait aux membres du groupe un soutien dans la durée.

En revanche, je n'aimerais pas que l'on compare nos situations en établissant une échelle dans le chagrin. Que l'on pleure un enfant, un conjoint, un parent, une grand-mère, un grand-père, la douleur est là. C'est le chagrin devant une vie qui s'arrête. Il ne se mesure ni se compare.

J'ai été confrontée très jeune au deuil. Était-ce écrit ? Est-il écrit aussi dans ma destinée que j'apporterai mon soutien à d'autres endeuillés ? Je ne sais pas, mais ce livre témoignage pourrait marquer une étape sur ce chemin.

Profitons de chaque instant parce que demain tout peut s'arrêter.

Complément

J'ai à cœur de faire figurer dans cet ouvrage le discours qu'a prononcé mon père le jour de mon mariage avec Michaël.

« Je tiens d'abord à remercier Maurice, notre maire, de m'avoir donné son pouvoir pour célébrer cette cérémonie et croyez-moi, j'en suis ravi. Merci à vous venus si nombreux et tout particulièrement ceux qui ont fait beaucoup de route pour être parmi nous aujourd'hui. Merci également à ceux qui ont gardé le secret.

Evelyne et Bernard, parents de Michaël, nous sommes heureux de vous accueillir avec votre famille dans notre village et soyez les bienvenus au sein de notre famille.

Laëtitia, ou plutôt "Doune" ou "mon poussin" pour certains[1], rappelle-toi, tu avais quinze ans, tu quittais la maison pour faire un apprentissage dans la vente en pâtisserie à Bourbon-Lancy où tu y avais un petit studio, tu te débrouillais toute seule ou presque. Tu y es restée deux ans et ensuite tu es partie à Gueugnon

---

[1] *Doune est le surnom que ma famille et d'autres m'ont donné depuis que je suis toute petite.*

toujours en studio pour continuer ton apprentissage dans la vente mais cette fois-ci en bijouterie. Tu étais en alternance au CIFA de Mercurey et c'est là que tu as rencontré Michaël qui préparait un BEP en pâtisserie.

Par la suite, vous vous êtes mis en ménage à Montceau-les-Mines : Doune, tu travaillais en boulangerie et Michaël, tu as décidé de t'engager dans l'armée comme cuisinier à la caserne de Valence. Le 14 avril 2006 venait au monde notre petit Loulou, Lorik, ensuite, Michaël étant loin de son travail, vous décidez de déménager à Tournon-sur-Rhône, dans l'Ardèche, lieu où vous êtes actuellement. Une belle région !

Doune, le 11 mai 2008, jour de tes vingt-cinq ans, tu mettais au monde notre poupée, Lénaïs, et aujourd'hui, je peux vous dire que vous formez une belle famille et nous sommes fiers de vous !

Un petit mot pour toi, Michaël. Je peux te dire que tu as rejoint la famille sans difficulté et aujourd'hui, tu es bien intégré et bien apprécié de tous. Merci à toi !

Laëtitia, en ce 17 juillet 2010, tes sœurs, ton frère, ta belle-sœur, tes beaux-frères, ta mère et moi sommes heureux de t'accueillir dans ta commune natale pour célébrer ton mariage, merci à vous deux et bravo ! »

Remerciements

À mes enfants **Lorik** et **Ninon**, je les aime plus que tout. Lorik, mon Loulou qui ne m'a pas abandonné ce soir-là. Il a été mon sauveur, mon carburant pour continuer à avancer et ne pas sombrer. Je me suis battue pour lui, avec lui. C'est grâce à lui si j'en suis là aujourd'hui.

Ninon, ma Minette, ma fille, mon bébé miracle. Une petite fille tellement adorable qui est venue embellir ma vie.

À **ma magnifique famille**, mon roc, pour tout ce qu'elle a fait pour moi et continue de faire encore aujourd'hui. Je lui redis tout mon amour.

Merci à mes parents de s'être occupés de Lorik pendant que ma sœur et moi étions auprès de Maëva. Merci à ma sœur Christelle, pour son aide inimaginable pour la préparation des obsèques et la gestion de l'administratif. Merci à mon frère, Christophe, d'être toujours là quand j'en ai besoin. Merci à Séverine, je sais que le drame vécu ensemble nous lie à jamais, quoi qu'il arrive, nous serons toujours là l'une pour l'autre.

À **mon Seb**, qui a été là au moment le plus compliqué de ma vie. Merci pour tout ce qu'il m'apporte au quotidien, lui aussi m'a sauvée. Tous les projets que nous avons ensemble me maintiennent la tête hors de l'eau. Merci à lui pour tout ça, je l'aime très fort. Merci aussi à ses parents de nous avoir accueillis, mon fils et moi dans leur famille. Pensée à mon défunt beau-père qui manque à nos vies…

Aux **parents de Michaël** qui resteront toujours mes beaux-parents. Merci de s'être occupés de nos étoiles au cimetière pendant presque dix ans. Merci de faire toujours partie de ma vie.

Au **club de foot de mon village**, grâce auquel je vis des moments d'apaisement qui font du bien, dans la bonne humeur et la bonne entente entre tous : joueurs, dirigeants et bénévoles.

À **Céline**, ma copine de toujours, pour avoir été là au moment du drame et pour être encore là aujourd'hui. Je n'oublierai jamais ce qu'elle a fait pour moi.

À **Carine**, ma prothésiste ongulaire, pour son écoute et de sa joie de vivre. C'est grâce à elle si je me suis remise à l'écriture de mon livre. Merci, merci, merci !

À **Gilda** et son mari de l'époque, qui se sont arrêtés sur l'autoroute le 2 août 2010 pour me porter secours. Elle est encore dans ma vie et restera à jamais dans mon cœur malgré la distance qui nous sépare.

Merci à tous mes autres **amis** qui se reconnaîtront, merci de faire partie de ma vie.

À l'**armée** et au **régiment de Spahis**, pour leur aide si précieuse pour les obsèques, mon déménagement et le reste. Encore aujourd'hui, ils sont très présents, une vraie famille.

Mon dernier remerciement ira à **Annelise**, qui a su trouver les bons mots pour raconter mon histoire dans ce livre. Grâce à son écoute bienveillante et son professionnalisme, elle a fait de nos échanges un moment très serein malgré la pénibilité de mon récit. Une très belle rencontre.

Le mot de la biographe

Laëtitia et moi ne nous connaissions pas et pourtant elle m'a demandé de lui prêter ma plume. J'ai été touchée par la confiance qu'elle a placée en moi. Ensemble, nous avons réfléchi à la manière de mener ce projet intime et douloureux.

Début 2025, elle m'a accueillie à Gilly avec une grande générosité. Nous avons enchaîné plusieurs entretiens. Je les avais préparés, bien sûr. Pourtant ce qui s'est dit a dépassé ce que j'avais imaginé.

J'appréhendais le chagrin. Mais très vite, j'ai compris que nous parlerions surtout de lumière, de ces éclats de vie qu'elle a su percevoir malgré l'obscurité. J'ai été frappée par son courage, sa détermination. C'est un enseignement pour moi aussi.

De retour chez moi, j'ai pris le temps. Comment raconter ? Dans quel ordre ? Je voulais qu'elle s'y reconnaisse, tout en touchant un public plus large.

L'écriture m'a fait traverser des émotions, parfois jusqu'aux larmes. Et puis un jour, les mots se sont alignés d'un trait.

Lorsque Laëtitia a lu le texte et s'y est reconnue, j'ai été remplie de gratitude.

Écrire ce livre a été une expérience rare.

C'est cela, être biographe. Recueillir des histoires, les transformer en mémoire vivante et en ressortir changée. Je ne regarde plus les étoiles dans le ciel comme avant.

Annelise

Table des matières

Ce livre vous a intéressé ?
Vous pouvez échanger avec Laëtitia
sur sa page Facebook :

Tous droits réservés : © 2025 Laëtitia Boyer
Dépôt légal : juin 2025

Rédaction et mise en page : Annelise Guérend Levin
Écrivain biographe – *AU FIL DES LIGNES*

www.aufildeslignes.fr

Conception graphique de la couverture :
Annelise Guérend Levin et Marion Igorra (Studio Mira)
sur une illustration de Freepik

Édition : BoD · Books on Demand, 31 avenue Saint-
Rémy, 57600 Forbach, bod@bod.fr
Impression : Libri Plureos GmbH, Friedensallee 273,
22763 Hamburg (Allemagne)

ISBN : 978-2-3225-7320-2

Toute reproduction, intégrale ou partielle de l'ouvrage, par quelque
procédé que ce soit, est strictement interdite sans l'autorisation de
l'auteur ou de ses ayants droit.